Progettazione e implementazione di un sistema ....

Nadjet BENADLA
Mohammed DEBBAL

Progettazione e implementazione di un sistema mobile di telemedicina

Trasmissione wireless di segnali ECG

ScienciaScripts

Imprint

Any brand names and product names mentioned in this book are subject to trademark, brand or patent protection and are trademarks or registered trademarks of their respective holders. The use of brand names, product names, common names, trade names, product descriptions etc. even without a particular marking in this work is in no way to be construed to mean that such names may be regarded as unrestricted in respect of trademark and brand protection legislation and could thus be used by anyone.

Cover image: www.ingimage.com

This book is a translation from the original published under ISBN 978-620-6-70585-7.

Publisher:
Sciencia Scripts
is a trademark of
Dodo Books Indian Ocean Ltd. and OmniScriptum S.R.L publishing group

120 High Road, East Finchley, London, N2 9ED, United Kingdom
Str. Armeneasca 28/1, office 1, Chisinau MD-2012, Republic of Moldova, Europe

ISBN: 978-620-7-27774-2

Indice dei contenuti

INTRODUZIONE GENERALE

I sistemi di telemedicina mobile stanno diventando sempre più importanti, in particolare per la cura dei pazienti isolati o in viaggio, lontani da un ospedale di riferimento. Questi sistemi devono essere economici, piccoli e a basso consumo energetico. Devono essere maneggevoli e facili da usare per i pazienti.

L'incorporazione di tecnologie come Bluetooth e GPRS consente la trasmissione wireless ai centri sanitari.

La Figura 1 mostra il diagramma schematico della trasmissione wireless dal paziente al medico. Il paziente, dotato di scheda di acquisizione, trasmette il suo stato cardiaco utilizzando il suo telefono cellulare. Il cellulare è collegato alla rete GPRS e può comunicare con l'ospedale. Il medico, dal canto suo, riceve le informazioni sul suo computer. Studia la gravità del trattamento e, a seconda delle condizioni del paziente, può consultarlo direttamente per telefono o intervenire in caso di emergenza.

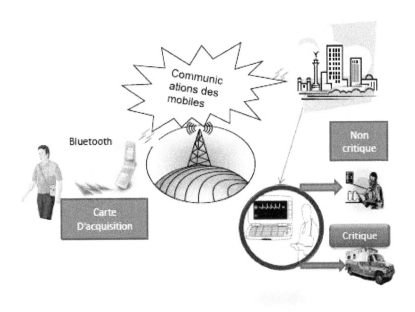

Figura.1 Lo scenario del nostro progetto [1].

Per il nostro progetto, siamo interessati a creare una scheda di acquisizione del segnale ECG. Questo lavoro è stato sviluppato nel laboratorio di elettronica della nostra facoltà.

Il nostro rapporto si compone di quattro capitoli, preceduti da un'introduzione. Il rapporto si conclude con una prospettiva.

Il Capitolo 1 presenta il funzionamento elettrico del cuore, l'elettrocardiografia e l'elettrocardiogramma. Nel Capitolo 2 vengono descritte le varie piattaforme JAVA, in particolare J2ME e le sue configurazioni e profili, nonché le librerie CLDC e MIDP di base. Il Capitolo 3 contiene esempi e spiegazioni della programmazione JABWT utilizzata nello sviluppo di applicazioni client-server. Esso tratta le operazioni di base di inizializzazione e scoperta di client e server.

Infine, il capitolo 4 è dedicato all'implementazione pratica del sistema, ovvero ai componenti essenziali utilizzati. Si tratta del TL084 per l'amplificazione, del PIC 16F877A per la conversione analogico/digitale e del modulo Bluetooth F2M03GX per la trasmissione al telefono cellulare.

CAPITOLO I
ELETTROCARDIOGRAFIA (ECG)

I.1 Introduzione

Il cuore svolge un ruolo fondamentale e vitale nel corpo umano [3]. Assicura il movimento del sangue nella piccola circolazione (VD-OG) e nella grande circolazione (VG-OD). Queste prestazioni dipendono da un'originale organizzazione anatomica in cui le camere del cuore comunicano attraverso diversi orifizi dotati di valvole antireflusso, da un sistema di eccitazione automatica, da una speciale meccanica contrattile e infine da un corretto apporto di energia e ossigeno [4]. Per raggiungere questo obiettivo, i recenti progressi tecnologici sono stati compiuti nei dispositivi di rilevamento del segnale cardiaco noti come elettrocardiografia. In questo capitolo presentiamo una rassegna della letteratura sul funzionamento elettrico del cuore, sull'elettrocardiografia, sull'elettrocardiogramma e sullo studio e l'analisi dei segnali ECG.

I.2 Funzionamento elettrico del cuore

Come per tutti i muscoli del corpo, la contrazione del miocardio è causata dalla propagazione di un impulso elettrico lungo le fibre muscolari cardiache, indotto dalla depolarizzazione delle cellule muscolari. Nel cuore, la depolarizzazione ha normalmente origine nella parte superiore dell'atrio destro (il seno) e si propaga poi attraverso gli atri, inducendo la sistole atriale (Figura I.1), seguita dalla diastole (rilassamento muscolare). L'impulso elettrico arriva quindi al nodo atrioventricolare (AV), l'unico punto di passaggio possibile per la corrente elettrica tra gli atri e i ventricoli. Qui l'impulso elettrico fa una breve pausa per consentire al sangue di entrare nei ventricoli. Passa quindi attraverso il fascio di His, composto da due rami principali, ognuno dei quali entra in un ventricolo. Le fibre che compongono questo fascio, integrate dalle fibre di Purkinje, grazie alla loro rapida conduzione, propagano l'impulso elettrico a diversi punti dei ventricoli e permettono così una depolarizzazione quasi istantanea di tutto il muscolo ventricolare, nonostante le sue grandi dimensioni, che garantisce un'efficienza ottimale nella spinta del sangue; questa contrazione costituisce
la fase di sistole ventricolare. Segue la diastole ventricolare (rilassamento muscolare); le fibre muscolari si ripolarizzano e tornano allo stato iniziale [5].

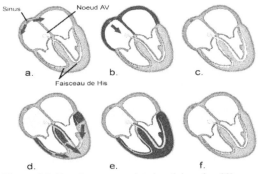

Figura I.1: Funzionamento elettrico del nucleo [1].

I.3 Elettrocardiografia

L'elettrocardiografia consiste nell'esplorare l'attività elettrica del cuore registrando elettrocardiogrammi, ovvero grafici che mostrano le differenze di potenziale elettrico in diversi punti del corpo in funzione del tempo.

Queste registrazioni sono rese possibili dalla natura stessa dell'attività cardiaca. Infatti, l'attivazione delle fibre muscolari cardiache può essere suddivisa in due fasi: una fase di depolarizzazione e una di ripolarizzazione. La fase di depolarizzazione è molto brusca, in un certo senso la fase principale; il ruolo della ripolarizzazione è quello di riportare le cariche ai valori iniziali. Le differenze di potenziale indotte sono dell'ordine di pochi millivolt, ma sono sufficientemente grandi da essere rilevate nel corpo umano, che è un mezzo conduttore abbastanza omogeneo. Di conseguenza, diversi elettrodi posizionati in punti diversi del corpo non percepiscono la stessa corrente elettrica.

Esistono diversi modi per eseguire un elettrocardiogramma. Il primo è stato definito da Einthoven, l'inventore dell'elettrocardiografo, che ha ricevuto il premio Nobel per la sua scoperta nel 1924.

Si posizionano tre elettrodi, uno su ciascun polso e uno sul piede sinistro, quando il soggetto è sdraiato sull'elettrocardiografo, con il cuore all'incirca al centro geometrico di questo triangolo. Questa disposizione consente di calcolare facilmente i vettori perché ogni derivazione (polso sinistro - polso destro, polso sinistro - piede sinistro e polso destro - piede sinistro) costituisce un circuito

7

elettrico (elettrodo 1, filo dall'elettrodo all'elettrocardiografo, filo dall'elettrodo 2 all'elettrocardiografo, corpo umano).

È anche possibile utilizzare le cosiddette derivazioni unipolari, in cui gli elettrodi non sono collegati tra loro ma solo all'elettrocardiografo. In questo caso, per ottenere l'elettrocardiogramma sono necessari più elettrodi, che vengono impiantati su entrambi i polsi e sul piede sinistro, oltre che in una serie di punti che formano un arco intorno al cuore.

I.4 Elettrocardiogramma

L'elettrocardiogramma consente di individuare facilmente disturbi del ritmo come tachicardie e bradicardie, che sono rispettivamente accelerazioni e decelerazioni del battito cardiaco, nonché aritmie. L'elettrocardiogramma consente inoltre di studiare in modo molto più dettagliato le onde atriali e ventricolari. Le onde atriali sono chiamate onde P e permettono di verificare se la frequenza di contrazione atriale, che deve precedere quella dei ventricoli di circa 16 centesimi di secondo, viene rispettata. Le onde ventricolari, dette onde T, servono a verificare il rispetto dell'attività elettrica dei ventricoli, che sono i capolavori del cuore quando espellono il sangue nei vasi. Non bisogna dimenticare, tuttavia, che l'elettrocardiografia può essere utilizzata anche per rilevare problemi polmonari o metabolici [6].

I.5 Traccia elettrica del nucleo

Il battito cardiaco può quindi essere tracciato attraverso la registrazione in superficie del segnale elettrico che lo accompagna. Ogni fase del battito cardiaco ha una propria traccia elettrica. Un occhio allenato può quindi, nella maggior parte dei casi, distinguere rapidamente il tracciato di una contrazione atriale da quello di una contrazione ventricolare. Applichiamo il principio dell'ECG. All'attività elettrica di un battito cardiaco normale. L'impulso iniziale proviene dal seno: non è visibile sull'ECG. L'onda elettrica che poi si propaga attraverso gli atri, provocandone la contrazione, lascia la traccia di una piccola deflessione positiva sull'ECG: l'onda P (Figura I.2a). L'impulso arriva quindi al nodo atrioventricolare

(AV), dove si produce la breve pausa che si riflette sull'ECG con un piccolo segmento piatto; quindi viaggia lungo le vie di conduzione veloci (il fascio di His) per provocare la contrazione dei ventricoli, seguita dalla loro ripolarizzazione. Questa propagazione dell'impulso e la breve e potente contrazione dell'intero muscolo ventricolare creano una successione di 3 onde (Q, R e S) sull'ECG, nota come complesso QRS (Figura I.2b). L'onda Q è la prima: è un'onda discendente, non sempre visibile sul tracciato; la seconda è l'onda R: è di grande ampiezza e diretta verso l'alto; l'ultima è diretta verso il basso: è l'onda S. È la combinazione di queste tre onde che costituisce il complesso QRS. Dopo ogni complesso QRS, l'ECG mostra un'onda chiamata onda T. Tra quest'onda e la precedente c'è una breve pausa chiamata segmento ST, molto importante per identificare alcune patologie. L'onda T riflette la fase di ripolarizzazione delle cellule che compongono i ventricoli; si tratta di un fenomeno puramente elettrico e durante questa fase il cuore è meccanicamente inattivo (Figura I.2c) [6].

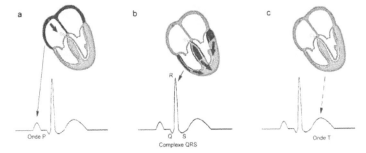

Figura I.2: Traccia elettrica del nucleo [1].

I.6 Studio e analisi dei segnali ECG
I.6.1 Origini fisiologiche

I potenziali elettrici hanno origine nelle fibre del muscolo cardiaco. La generazione di eccitazione nelle diverse parti del cuore può essere studiata non solo misurando i potenziali elettrici delle cellule o i potenziali elettrici sulla superficie del cuore, ma anche registrando l'attività cardiaca a livello cutaneo. Quando si sviluppano differenze di potenziale tra le aree eccitate del cuore, forze

9

elettriche differenziali si propagano in tutto il corpo. I tracciati che riflettono le oscillazioni di questi potenziali possono quindi essere registrati applicando elettrodi in determinati punti del corpo. In un modello semplificato, il cuore, che è la sorgente dei segnali, è un generatore rappresentato da un dipolo elettrico situato nel torace.

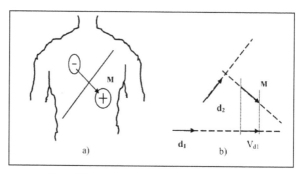

Figura I.3: Il vettore cardiaco [2].
   a) Il dipolo risulta dalle cariche positive e negative separate l'una dall'altra; il vettore momento è rappresentato da M.
   b) La tensione misurata in un derivatore rappresentato dal vettore d_1 è semplicemente il prodotto scalare $V_{d1} = M.d_1$; è il modulo della proiezione di M nella direzione d_1 .

In elettrocardiografia non ci interessano le linee di campo di questo dipolo, ma utilizziamo il momento dipolo, che chiamiamo vettore cardiaco. Si tratta di un vettore diretto da cariche negative a cariche positive, il cui modulo è proporzionale alla quantità di cariche moltiplicata per la distanza che separa i due tipi di carica. Durante un ciclo cardiaco, l'ampiezza e la direzione di questo vettore variano. La differenza di potenziale misurata da 2 elettrodi rappresenta il modulo della proiezione del vettore cardiaco sulla linea retta che collega questi due elettrodi.

Per convenzione, un impulso elettrico che si propaga verso l'elettrodo è rappresentato nella registrazione dell'elettrocardiogramma da una deflessione verso la parte superiore del tracciato. Se, invece, l'attività elettrica fugge dall'elettrodo, si osserva una deflessione verso il fondo del tracciato La Figura I.4 mostra i percorsi degli impulsi nel cuore [3].

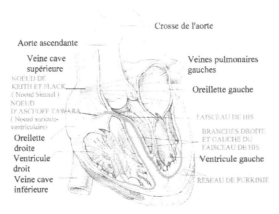

Aorte ascendante

Veine cave
supérieure
NOEUD DE
KEITH ET FLACK
(Noeud Sinusal)
NOEUD
D'ASCHOFF TAWARA
(Noeud auriculo-
ventriculaire)
Oreilette
droite
Ventricule
droit
Veine cave
inférieure

Veines pulmonaires
gauches

Oreillette gauche

FAISCEAU DE HIS

BRANCHES DROITE
ET GAUCHE DU
FAISCEAU DE HIS
Ventricule gauche

RÉSEAU DE PURKINJE

Figura I.4: circuito di conduzione per le eccitazioni elettriche nel cuore [3].

I.6.2 Deviazioni

Esistono diversi sistemi di bypass per la posizione e il collegamento degli elettrodi al dispositivo.

L'ECG standard è composto da 12 derivazioni separate: sei derivazioni toraciche e sei derivazioni degli arti. Queste derivazioni studiano la proiezione dell'attività cardiaca alla periferia del corpo in due piani: frontale e orizzontale.

a. Diversione dell'arto bipolare EINTHOVEN

Queste derivazioni utilizzano 3 elettrodi posizionati sul soggetto. Gli elettrodi sono posizionati sul braccio destro e sinistro e sulla gamba sinistra a formare un triangolo (triangolo di Einthoven).

Queste derivazioni sono chiamate bipolari perché misurano una differenza di potenziale tra due elettrodi.

Ogni lato del triangolo formato dai tre elettrodi rappresenta una derivazione (DI, DII, DIII), utilizzando una coppia di elettrodi diversa per ogni derivazione.

DI: elettrodo del braccio destro collegato al polo negativo del galvanometro e l'elettrodo del braccio sinistro al polo positivo. (DI registra il potenziale del braccio sinistro (VL) meno il potenziale del braccio destro (VR).

DII: elettrodo del braccio destro collegato al polo negativo ed elettrodo della gamba sinistra al polo positivo. (DII registra VF - VR).

DIII: elettrodo del braccio sinistro collegato al polo negativo ed elettrodo della gamba sinistra al polo positivo. (DIII registra VF -VL).

Traslando queste tre derivazioni verso il centro del triangolo, si ottiene l'intersezione di tre linee di riferimento.

b. Derivazione unipolare degli arti

Secondo la 2a legge di Kirchhoff, la somma dei potenziali assoluti registrati nel braccio destro, nel braccio sinistro e nella gamba sinistra è uguale a zero. VR +VL +VF = 0. Da ciò sarebbe possibile ottenere un elettrodo indifferente che rimarrebbe a potenziale zero collegando le tre estremità attraverso resistenze uguali (5000 ohm) al centro. Collegando il centro al polo negativo dell'elettrocardiografo e un elettrodo esplorativo al polo positivo, si ottiene un sistema in cui l'elettrodo esplorativo registra le variazioni di potenziale sopra e sotto il potenziale zero. In questo modo, dal braccio destro, dal braccio sinistro e dalla gamba sinistra, si registrano le seguenti derivazioni

sono designate VR, VL e VF. La registrazione ottenuta da queste derivazioni è scarsa e Goldberger ha suggerito di aumentare il potenziale a un'estremità scollegando l'elettrodo dal centro e registrando la differenza di potenziale tra quell'estremità e gli altri due elettrodi.

Questa derivazione unipolare completa la prima. L'ECG registra le variazioni di potenziale a livello dell'elettrodo esplorativo (posto in un determinato punto (fisso) della superficie del corpo): VR = braccio destro, VL = braccio sinistro e VF = gamba sinistra. L'altro elettrodo "indifferente", collegato a un potenziale zero, corrisponde al centro elettrico del cuore.

Per ottenere un tracciato della stessa ampiezza delle derivazioni DI, DII e DIII, è stato necessario amplificare (aumentare) la tensione ECG. Il risultato sono le derivazioni A (aumentata), V (tensione), R (braccio destro) e due derivazioni aggiuntive:

* AVR: viene registrata la differenza di potenziale tra il braccio destro (BD) e la BG-JG centrale. Questa derivazione utilizza il braccio destro come positivo e tutti gli altri elettrodi degli arti come massa negativa (comune).

* AVL: utilizza il braccio sinistro come positivo.

* AVF: tensione della gamba rispetto ai due bracci utilizzati come riferimento. L'elettrodo positivo è situato sulla gamba sinistra.

Queste derivazioni riflettono l'attività elettrica della regione del cuore opposta all'elettrodo. VF riflette l'attività elettrica della parte inferiore del cuore. VL riflette l'attività elettrica della parte superiore del lato sinistro e VR quella delle camere ventricolari.

Le tre derivazioni successive vengono proiettate sulle tre rette bisecanti che si intersecano al centro, dette triassi. Le derivazioni AVR, AVL e AVF si intersecano con angoli diversi, producendo l'intersezione di altre tre linee di riferimento.

Le sei derivazioni DI, DII, DIII, AVR, AVL e AVF si uniscono per formare sei linee di riferimento che si intersecano con precisione e si trovano su un piano frontale del torace del soggetto.

Ogni elettrocatetere degli arti registra da un'angolazione diversa, quindi ognuno rappresenta una visione diversa della stessa attività cardiaca.

Queste derivazioni consentono di effettuare calcoli vettoriali, poiché ciascuna di esse "vede" la stessa attività cardiaca ma da angolazioni diverse s

c. Shunt precordiale unipolare

L'elettrodo attivo (positivo) viene posizionato a diversi livelli del torace.

Le derivazioni toraciche sono chiamate da V1 a V6. Vanno progressivamente da destra a sinistra del soggetto. Queste derivazioni toraciche si proiettano attraverso l'AV verso la schiena del paziente, che è il polo negativo di ogni derivazione toracica.

Le derivazioni V1 e V2 sono posizionate di fronte alle camere destre del cuore e quindi esplorano il setto e il ventricolo destro; riflettono l'attività ventricolare destra.

Le derivazioni V3 e V4 sono situate di fronte al setto interventricolare. Esplorano la punta del cuore e la superficie anteriore del ventricolo sinistro.

V5 e V6 si trovano di fronte alla cavità sinistra ed esplorano la parete laterale del ventricolo sinistro.

Poiché non sono equidistanti dal cuore, queste derivazioni non possono essere utilizzate per l'analisi vettoriale.

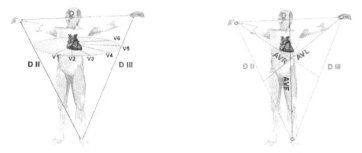

Figura I.5: derivazioni standard DI, DII, DIII, unipolari aVR, aVL, aVF e precordiali V1, V2, V3, V4, V5, V6 [4].

d. morfologia del tracciato elettrocardiografico

L'onda P è un incidente arrotondato. Ha una bassa ampiezza di 0,1-0,2 mV e corrisponde alla depolarizzazione degli atri. Quest'onda si verifica appena prima della contrazione degli OR. (I fenomeni ionici precedono sempre quelli elettrici). È generalmente positiva.

Nei cani e nei cavalli, la scissione è abbastanza comune. Negli esseri umani è patologico.

La ripolarizzazione degli atri è mascherata e passa inosservata.

Il complesso QRS è l'indicatore della depolarizzazione ventricolare. Si osserva prima della sistole ventricolare.

Non c'è una spiegazione particolare per nessuno degli eventi QRS; l'intera massa ventricolare non si attiva contemporaneamente, ma si attiva progressivamente.

L'onda T riflette la ripolarizzazione del ventricolo. In genere si trova sullo stesso lato dell'evento QRS, perché la depolarizzazione avviene dall'interno all'esterno del cuore (endocardio - epicardio).

Nel cuore umano, la ripolarizzazione è lenta e avviene in direzione opposta alla depolarizzazione (epicardio - endocardio); poiché le correnti registrate sono in

14

direzione opposta a quelle della ripolarizzazione (la corrente va dalle cellule ancora depolarizzate con esterno negativo alle cellule già ripolarizzate con esterno positivo), ne consegue che l'onda di depolarizzazione (QRS) e l'onda di ripolarizzazione (T) hanno la stessa direzione. Durante la registrazione dell'ECG con un elettrodo esplorativo posto sulla superficie epicardica: a riposo e quando l'intero spessore della parete è depolarizzato, non si produce corrente e di conseguenza non compare attività elettrica. La corrente si produce quando cariche opposte sono in contatto durante la depolarizzazione e la ripolarizzazione.

Negli uccelli, la distribuzione del tessuto eccitatorio è principalmente distribuita sull'epicardio, quindi l'onda T è rivolta in direzione opposta a R (P è mascherata, alta frequenza sopra 300. QRS = spike singolo = R).

L'intervallo PQ (PR) è il tempo che intercorre tra la depolarizzazione dell'OR e la depolarizzazione del Vent. Questo tempo PQ rappresenta la cosiddetta = conduzione atrioventricolare. È isoelettrico.

L'intervallo QT è il tempo durante il quale il ventricolo è soggetto a variazioni dei fenomeni elettrici noti come sistole elettrica.

Analizzando i dettagli delle variazioni dei potenziali, la persona addestrata ottiene preziose informazioni relative a: l'orientamento anatomico del cuore nel torace; le dimensioni delle camere cardiache; i disturbi del ritmo e della conduzione; l'estensione, la localizzazione e la progressione di condizioni ischemiche nel miocardio; gli effetti di concentrazioni elettrolitiche alterate nell'ECF e così via.

Tuttavia, va ricordato che l'ECG non fornisce informazioni dirette sul funzionamento meccanico (prestazioni) del cuore come pompa. Ad esempio, l'insufficienza valvolare non viene rilevata se non è accompagnata da un'anomalia della conduzione [4].

I.7 Monitoraggio medico a distanza

Il monitoraggio medico a distanza è definito come una sorveglianza a distanza basata su un sistema informativo globale che comprende persone dotate di sensori fisiologici collegati in reti che possono essere wireless o cablate per la raccolta in tempo reale dei dati del paziente, apparecchiature automatiche per adattare l'ambiente di vita della persona alle sue capacità personali (motorie e cognitive); un'unità locale, a livello di ogni persona, per elaborare i segnali ricevuti dai sensori e gestire una base di conoscenze relative al paziente. All'origine dei messaggi e degli allarmi; un centro di monitoraggio remoto per l'elaborazione dei messaggi e degli allarmi ricevuti dalle singole persone, nonché un gruppo di attori (personale medico, pazienti e familiari) che possono accedere ai dati del sistema in qualsiasi momento, previa autenticazione e in base ai propri privilegi.

Anche le tecnologie dell'informazione e della comunicazione **stanno** cambiando i dati, ed è grazie a queste tecnologie che il paziente può essere collegato direttamente all'équipe medica.

Il monitoraggio medico a distanza presenta una serie di vantaggi e svantaggi I vantaggi che può citare sono :

- Le persone possono vivere a casa propria il più a lungo possibile e in modo indipendente, in un ambiente confortevole e sicuro.
- Prevenire il più precocemente possibile il deterioramento della salute.
- Risparmiate sul trasporto medico d'emergenza e sui ricoveri in ospedale in fase avanzata.
- Migliorare la comunicazione dei pazienti con gli operatori sanitari, gli assistenti e i familiari.
- Riduzione dei costi di ospedalizzazione.
- Facile accesso ai dati, ad esempio alla glicemia, alla pressione sanguigna, alla frequenza cardiaca e ai livelli di ossigeno nel sangue, nonché ai consigli medici.
- Collegandosi a un monitor per visualizzare i dati in tempo reale di tutti i pazienti, il personale infermieristico può eseguire funzionalità di monitoraggio flessibili presso il punto di assistenza, con conseguente aumento del tempo dedicato ai pazienti, che si traduce in una migliore qualità dell'assistenza.

Gli svantaggi del monitoraggio remoto sono che finora la comunicazione tra il paziente e il personale medico è avvenuta per telefono, l'unico modo per garantire la sicurezza del paziente a distanza.

Inoltre, se non è possibile intraprendere un trattamento domiciliare senza telefono. Esiste il rischio che il contatto telefonico sia inadeguato a causa della soggettività del dialogo. Il numero di parametri effettivamente trasmessi e la frequenza casuale delle chiamate possono essere limitati, e spesso la disponibilità variabile delle équipe di assistenza. Queste carenze, sia nella qualità che nella quantità dei contatti telefonici, possono portare a problemi a cui le équipe di assistenza sono abituate. Questi problemi spesso comportano il trasferimento inaspettato del paziente al centro competente per la diagnosi e, talvolta, il ricovero in ospedale se la chiamata è troppo tardiva.

La trasmissione di dati medici grezzi impone ai medici un pesante carico di lavoro, che può inevitabilmente limitare il numero di pazienti trattati in questo modo.

Oltre a tutto ciò, c'è anche la mancanza di contatto umano, che è una sorta di terapia per il paziente, che ha bisogno di molto affetto [7].

I.8 Conclusione

L'analisi di tali registrazioni richiede l'uso di strumenti di lettura automatica del segnale, poiché la quantità di informazioni registrate in 24 ore è molto elevata: corrisponde a circa 100.000 battiti cardiaci su 3 canali di registrazione [8].

Per facilitare il monitoraggio dei pazienti, abbiamo proposto un dispositivo portatile che consente di rilevare il segnale ECG applicando le tecnologie di trasmissione wireless e la programmazione J2ME. Il Capitolo II descrive J2ME.

CAPITOLO II
JAVA2 EDIZIONE MOBILE (J2ME)

II.1 Introduzione

I primi telefoni cellulari erano progettati solo per telefonare, quindi i loro display erano il più semplici possibile. Nel corso del tempo, gli sviluppi tecnologici hanno prodotto telefoni sempre più potenti, con più memoria e display migliori.

Oggi quasi tutti i telefoni sono dotati di fotocamera, lettore MP3 o radio. Tuttavia, i telefoni si stanno evolvendo, ma secondo standard diversi, a seconda del produttore e del modello. Lo sviluppo di applicazioni comporta generalmente l'uso di un'API proprietaria, spesso scritta in *C* o *C++*. La portabilità di un'applicazione significa quindi adattare il codice a quasi tutti i modelli di telefono.

Sun offre una versione più leggera di J2SE (Java 2 platform Standard Edition), adattata ai dispositivi a basso consumo, chiamata J2ME **[10]**.

In questo capitolo presentiamo le caratteristiche essenziali e i vari componenti di questo ambiente di sviluppo di applicazioni mobili.

II.2 Descrizione di J2ME

J2ME (figura II. 1) è un sottoinsieme della piattaforma J2SE (Standard Edition). Mira a mantenere le qualità della tecnologia Java adottando l'architettura delle altre edizioni, ossia una macchina virtuale, librerie native e un'API, mantenendo la coerenza tra più prodotti, la sicurezza delle operazioni di rete e l'estensibilità dal basso verso l'alto.

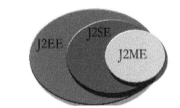

Figura II.1: La piattaforma Java 2 **[11]**.

II.3 La diversità delle periferiche

La creazione di una piattaforma tecnica comune per tutte le periferiche è un'operazione molto delicata. Ogni dispositivo ha le sue caratteristiche specifiche, il che significa che le applicazioni devono adattarsi alle diverse caratteristiche del display o del puntamento.

Il seguente elenco mostra la varietà di terminali a cui Sun si rivolge:

- Telefono cellulare, smartphone (Nokia, Ericsson, Alcatel, Siemens, ...) ;

- PDA (Palm Pilot, PocketPC, ecc.) ;

- Dispositivi di imaging digitale (videocamere digitali, fotocamere digitali, ecc.) ;

- Dispositivi industriali automatici (robot in una linea di lavorazione, display di bordo nelle automobili...).

II.4 Architettura J2ME

Poiché i terminali mobili non hanno la stessa capacità in termini di risorse dei computer desktop tradizionali (memoria, disco e potenza di calcolo), richiedono un ambiente più leggero, adattato ai diversi vincoli di esecuzione (Figura II.2).

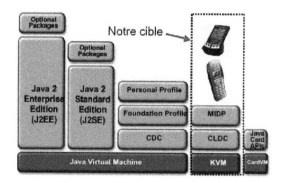

Figura II.2: Architettura della piattaforma J2ME **[11]**.

20

I terminali non hanno la stessa capacità di risorse dei computer desktop tradizionali (memoria, disco e potenza di calcolo), quindi la soluzione è fornire un ambiente semplificato per adattarsi ai diversi vincoli di esecuzione. Tuttavia, come integrare la diversità dell'offerta in una base tecnica il cui target non è definito a priori? La soluzione proposta da J2ME consiste nel raggruppare alcune famiglie di prodotti in categorie, offrendo al contempo la possibilità di implementare routine specifiche per un determinato terminale. I punti di forza di questa soluzione risiedono nella ricchezza dell'interfaccia utente e nella possibilità di operare sia in modalità connessa che disconnessa.

L'architettura J2ME è quindi suddivisa in diversi livelli con diversi vincoli tecnici:

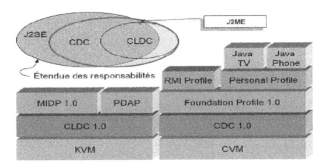

Figura II.3: Diversi livelli di J2ME **[12]**.

L'obiettivo di questa architettura a strati (Figura II.3) è quello di fattorizzare, per determinate famiglie di prodotti, un insieme di API che permettano a un'applicazione di funzionare su diversi terminali senza modificare il codice.

Gli elementi di base di J2ME sono la configurazione, il profilo e i pacchetti opzionali **[12]**.

Una configurazione è una macchina virtuale e un insieme minimo di classi di base e API. Specifica un ambiente di esecuzione generalizzato per i terminali incorporati e agisce come piattaforma Java sul terminale;

21

Un profilo è una specifica API Java definita dall'industria e utilizzata da produttori e sviluppatori per i diversi tipi di terminali possibili;

Un pacchetto opzionale è, come suggerisce il nome, un pacchetto che può non essere implementato su un particolare terminale.

La macchina virtuale si colloca tra l'applicazione e la piattaforma utilizzata, convertendo i bit di codice dell'applicazione in una modalità macchina appropriata all'hardware e al sistema operativo utilizzati. A seconda del target, la macchina virtuale può essere ridotta per consumare più o meno risorse. J2ME offre attualmente due tipi di macchina virtuale, KVM (KiloByte Virtual Machine) e CVM (Convergence Virtual Machine).

Le classi Java in esecuzione nella KVM sono state progettate per operare in un ambiente limitato in termini di memoria (128 K), energia e accesso alla rete. Questa configurazione è quindi progettata per risparmiare risorse: una KVM da 40-80 KB funziona dal 30 all'80% più lentamente di una normale JVM.

CVM è stato progettato per i terminali che necessitano dell'intera gamma di funzioni JVM, ma con capacità inferiori. I terminali che utilizzano CVM sono generalmente compatti, connessi e orientati al consumatore.

II.4.1 Configurazioni

Definiscono una piattaforma minima in termini di servizi per uno o più profili. Attualmente sono disponibili due configurazioni: CDC (Connected Device Configuration) e CLDC (Connected Limited Device Configuration) [13].

- Il CDC specifica un ambiente per terminali connessi ad alta capacità come set top box, telefoni a schermo e televisione digitale. Le caratteristiche dell'ambiente hardware proposto dalla configurazione CDC sono :

- un minimo di 512KB di ROM e 256KB di RAM, processore a 32 bit;

- una connessione di rete obbligatoria (wireless o meno) ;

- supporto per l'intera specifica Java Virtual Machine (CVM).

Questa configurazione fa quindi parte di un'architettura Java quasi completa.

- Il CLDC si rivolge a dispositivi con risorse limitate o ridotte, come telefoni cellulari, PDA e dispositivi wireless leggeri. Poiché questi dispositivi sono limitati in termini di risorse, l'ambiente tradizionale non è in grado di soddisfare i vincoli di occupazione di memoria associati a questi dispositivi. J2ME definisce quindi un insieme di API specifiche per il CLDC e progettate per utilizzare le peculiarità di ogni terminale della stessa famiglia (profilo). Le caratteristiche dell'ambiente hardware proposto dalla configurazione CDLC sono :

- Un minimo di 160KB - 512KB di RAM, processore a 16 o 32 bit, velocità di 16 MHz o superiore;
- Un'alimentazione limitata, supportata da una batteria;
- Una connessione di rete wireless non permanente;
- Un'interfaccia grafica limitata o inesistente.

Tuttavia, il CLDC non integra la gestione delle interfacce grafiche, della persistenza o delle particolarità di ogni terminale. Questi aspetti non sono di sua competenza.

II.4.2 Profili

Permettono a una certa categoria di terminali di utilizzare funzionalità comuni come la gestione del display, gli eventi di input/output (puntamento, tastiera, ecc.) o i meccanismi di persistenza (database leggero integrato). Questi profili sono soggetti a specifiche basate sul principio del JCP (Java Community Process).

I profili definiscono l'insieme completo delle classi API che saranno rese disponibili a un'applicazione J2ME e progettate specificamente per una determinata configurazione (figura II.4).

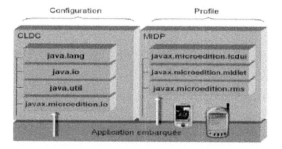

Figura II. 4: Configurazione, profilo J2ME **[14]**.

Sun offre due profili di riferimento J2ME: il profilo Foundation e il profilo Mobile Information Device (MIDP).

Il profilo Foundation è destinato alla configurazione CDC e offre quindi tutta la ricchezza di una macchina virtuale praticamente identica alla macchina virtuale standard. Ciò significa che gli sviluppatori che utilizzano il profilo Foundation hanno accesso a un'implementazione completa delle funzionalità J2SE **[14]**.

MIDP (Profilo del dispositivo di informazione mobile)

MIDP è la base per l'implementazione delle classi legate a un determinato profilo. Include metodi per gestire la visualizzazione, l'input dell'utente e la gestione della persistenza (database). Attualmente esistono due principali implementazioni dei profili MIDP. Una è più specifica, destinata agli assistenti di tipo Palm Pilot (PalmOs), e l'altra è totalmente generica, proposta da Sun come implementazione di riferimento (RI).

Questi profili possono essere scaricati gratuitamente dal sito web di Sun e includono una serie di emulatori per testare le applicazioni nel software.

II.5 L'API J2ME

L'API di J2ME è divisa in due parti, una specifica per MIDP e l'altra per CLDC, i cui elenchi di pacchetti sono illustrati nella Tabella II.1. Esamineremo ora queste due parti in dettaglio.

Elenco dei pacchetti CLDC	Elenco dei pacchetti MIDP
java.io	javax.microedition.lcdui
java.lang	javax.microedition.midlet
java.util	javax.microedition.rms
javax.microedition.io	

Tabella II.1: API J2ME

II.5.1 CLDC API 1.0

CLDC è un ambiente java leggero, quindi le librerie che mette a disposizione sono ridotte, ma nondimeno

a. java.io

sufficiente per lo sviluppo di applicazioni sui terminali interessati.

Il pacchetto *java.io* fornisce la gestione del flusso di input/output e quindi contiene le classi e i metodi necessari per recuperare informazioni da sistemi remoti.

b. java.lang

Il pacchetto *java.lang* è un sottoinsieme delle classi standard del pacchetto J2SE *java.lang*, come l'interfaccia Runnable e le classi Boolean, Integer, Math, String, Thread, Runtime e altre (15 in totale).

c. java.util

Il pacchetto *java.util* contiene un piccolo sottoinsieme del corrispondente pacchetto J2SE, che comprende le seguenti classi: Calendar, Date, TimeZone, Enumeration, Vector, Stack, Hashtable e Random.

d. javax.microedition.io

Questa libreria contiene le classi utilizzate per la connessione via TCP/IP o UDP. L'oggetto principale del pacchetto *javax.microedition.io* è la classe Connector. Questa classe fornisce un modo uniforme e conveniente di eseguire l'input/output, indipendentemente dal tipo di protocollo.

II.5.2 API MIDP

Poiché MIDP è il profilo associato alla configurazione CLDC, supporta le funzionalità di livello più elevato [15].

a. MIDP versione 1

La versione 1.0 di MIDP è il risultato del lavoro svolto dal Java Community Process Expert Group, JSR 37 [16].

MIDP aggiunge alcuni pacchetti al CLDC, come mostrato nella Tabella II.2.

Pacchetto	Forniture
javax.microediton.lcdui	Fornisce classi per l'interfaccia utente
javax.microedition.midlet	Definisce le applicazioni MIDP e le interazioni tra l'applicazione e l'ambiente.
javax.microedition.rms	Fornisce una memoria persistente (gestione del registro di sistema)

Tabella II.2: Pacchetti MIDP 1.0

b. MIDP versione 2

La versione 2.0 di MIDP è il risultato del gruppo di esperti del processo della Comunità Java, JSR 118. La specifica MIDP 2.0 definisce un'architettura aumentata e le API associate per lo sviluppo di applicazioni per dispositivi informatici mobili.

Le specifiche si basano su quelle di MIDP 1.0, garantendo la compatibilità in modo che le MIDlet scritte per MIDP 1.0 possano essere eseguite in ambienti MIDP 2.0.

26

L'unica differenza è l'aumento della memoria nelle specifiche MIDP 2.0.

La Tabella II.3 mostra i pacchetti forniti da MIDP 2.0.

Pacchetto	Forniture
javax.microediton.lcdui	Questa libreria fornisce tutte le classi necessarie per gestire l'interfaccia utente del terminale.
javax.microedition.midlet	Definisce le applicazioni MIDP e le interazioni tra l'applicazione e l'ambiente in cui opera (gestione del ciclo di vita delle midlet).
javax.microedition.rms	Contiene tutte le classi utilizzate per gestire un database leggero su un terminale.
javax.microedition.lcdui.game	Fornisce funzionalità utili per lo sviluppo di giochi
javax.microedition.media	Fornisce il modulo audio
javax.microedition.pki	Fornisce funzionalità per la gestione dei certificati

Tabella II.3: Pacchetti MIDP

II.6 I mezzani

Le applicazioni create con MIDP sono midlet: si tratta di classi che ereditano dalla classe astratta *javax.microedition.midlet.Midlet*. Questa classe consente il dialogo tra il sistema e l'applicazione.

Ha tre metodi per gestire il ciclo di vita dell'applicazione in base ai tre stati possibili: attivo, sospeso o distrutto (Figura II.5). Il primo metodo, **startApp(),** viene chiamato ogni volta che l'applicazione viene avviata o riavviata. Il secondo, **pauseApp(),** viene chiamato quando l'applicazione viene messa in pausa. Infine, il terzo metodo, **destroyApp(),** viene chiamato quando l'applicazione viene distrutta. Si noti che il ciclo di vita di una midlet è simile a quello di un'applet [17].

27

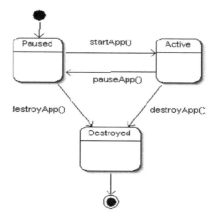

Figura II.5: Ciclo di vita del midlet [13].

II.7 L'interfaccia utente

MIDP è stato progettato per essere eseguito su diversi tipi di terminali: telefoni, palmari e così via. Pur rispettando questi vincoli di diversità, le applicazioni MIDP devono sempre incorporare le stesse funzionalità, indipendentemente dal terminale. La soluzione è stata quella di suddividere l'interfaccia utente in due livelli: l'API di alto livello e l'API di basso livello. Il primo favorisce la portabilità, mentre il secondo garantisce lo sfruttamento di tutte le funzionalità del terminale. Il progettista deve quindi trovare un compromesso tra portabilità e sfruttamento delle caratteristiche specifiche del terminale.

II.7.1 L'interfaccia utente di basso livello

L'API di basso livello fornisce un accesso diretto allo schermo del terminale e agli eventi associati ai tasti e al sistema di puntamento. Non sono disponibili componenti dell'interfaccia utente:

Questa API comprende le classi Canvas, Graphics e Font.

a. La classe Canvas

Può essere utilizzato per scrivere applicazioni in grado di accedere a eventi di input di basso livello come :

28

- tasti del terminale che sono associati a un codice. Per questi tasti esistono tre tipi di metodi di gestione degli eventi: "keyPressed()", "keyReleased()" e "keyRepeated()". Quest'ultimo evento non è disponibile su tutti i terminali. La funzione "hasRepeatEvent()" può essere utilizzata per scoprire se è supportato.

- il puntatore del terminale (se esiste). Può essere gestito dai metodi "pointerDragged()", "pointerPressed()" e "pointerReleased()". Per assicurarsi che un puntatore sia disponibile sul terminale, è stato implementato il metodo "hasPointerEvents()".

Questa classe offre quindi un grande controllo sulla visualizzazione. I giochi sono la migliore illustrazione del tipo di applicazione che utilizzerà questo meccanismo.

b. La classe Graphics

Può essere utilizzata per produrre grafica 2D. È simile alla classe java.awt.Graphics di J2SE.

c. La classe Font

La classe Font rappresenta i font e le metriche ad essi associate.

II.7.2 L'interfaccia utente di alto livello

L'API di alto livello fornisce semplici componenti dell'interfaccia utente.

Ma non è consentito l'accesso diretto allo schermo o agli eventi di input. È l'implementazione MIDP a decidere come rappresentare i componenti e il meccanismo di gestione dell'input dell'utente.

Questa API è molto più ricca di classi rispetto a quella di basso livello. Infatti, offre tutte le classi necessarie per sviluppare un'interfaccia 'classica' su questo tipo di terminale. Le classi 'List', 'ChoiceGroup', 'TextBox', 'Form', 'TextField' e 'DatField' consentono questo tipo di sviluppo.

Sono disponibili anche altri corsi meno tradizionali, tra cui:

a. La classe Alert

Imposta un avviso. Si tratta di una finestra di dialogo che visualizza un messaggio di testo, eventualmente accompagnato da un'immagine o da un suono. Può essere utilizzata per visualizzare un avviso, un errore, un allarme, ecc. Durante questa visualizzazione, l'interfaccia utente è disattivata. Se è stato specificato un valore di timeout, l'avviso scompare automaticamente, altrimenti l'applicazione attende che l'utente agisca.

b. La classe Gauge

Definisce un indicatore che visualizza un grafico sotto forma di barra la cui lunghezza corrisponde a un valore compreso tra zero e un massimo.

c. La classe Ticker

Un Ticker è un componente dell'interfaccia utente che visualizza una riga di testo che scorre a una certa velocità.

d. La classe Comando

Viene utilizzato per definire un comando, l'equivalente del pulsante di comando di Windows.

Questa classe integra informazioni semantiche su un'azione. Ha tre proprietà: l'etichetta, il tipo di comando (ad esempio, ritorno, annullamento, convalida, uscita, aiuto, ecc.) e il livello di priorità (che definisce la sua posizione e il livello nell'albero del menu).

e. Gestione degli eventi

Un evento di alto livello è costituito dall'origine dell'evento e dall'ascoltatore dell'evento. L'evento arriva dalla sorgente all'ascoltatore, che lo elabora. Per implementare un ascoltatore, la classe deve semplicemente registrarlo con il componente da cui si desidera ascoltare gli eventi.

Esistono due tipi di eventi:

- l'evento Schermo con il corrispondente CommandListener.

- l'evento ItemStateChanged utilizzando l'ItemStateListener.

➢ Ascoltatore di comandi

L'elaborazione associata a un'azione eseguita su un comando viene eseguita in un'interfaccia CommandListener. Questa interfaccia definisce un metodo, commandAction, che viene richiamato se viene attivato un comando.

L'ascoltatore corrispondente viene impostato implementando l'interfaccia CommandListener. Questo deve essere registrato con il metodo setCommandListener (CommandListener myListener).

➢ Ascoltatore dello stato dell'oggetto

Qualsiasi modifica interattiva dello stato di un elemento del modulo attiva un evento itemStateChanged (ad esempio, la modifica di un testo, la selezione di un elemento da un elenco, ecc.)

L'ascoltatore corrispondente viene impostato implementando l'interfaccia ItemStateListener.

L'oggetto ItemStateListener deve quindi essere registrato con un form utilizzando il metodo setItemStateListener (ItemStateListener myListener).

II.7.3 Vincoli di utilizzo

È possibile utilizzare l'API di alto livello e l'API di basso livello nello stesso MIDlet, ma non contemporaneamente. Ad esempio, i giochi che utilizzano l'API di basso livello per controllare lo schermo possono utilizzare anche l'API di alto livello per visualizzare i punteggi più alti. L'API di basso livello può essere utilizzata anche per tracciare grafici.

II.8 Il database leggero

RMS (Record Management System) è un'API di memorizzazione sul terminale. Si tratta di una sorta di database indipendente dal terminale, in cui ogni record è rappresentato sotto forma di array di byte. L'aggiornamento comporta il rifacimento dell'intero record.

I record sono memorizzati nel cosiddetto Record store. Se vogliamo fare un parallelo con i DBMS relazionali, RMS corrisponde al DBMS stesso e il Record store alla tabella. In effetti, il parallelo con la nozione di chiave primaria nei database relazionali è il 'recordID'. Si tratta dell'identificatore del record. È un numero intero. Il valore ID del primo record è 1 e ogni nuovo record ha un valore ID aumentato di uno.

II.8.1 Gestione dell'archivio dei documenti

Esistono diversi modi per gestire i negozi di dischi.

I comandi "openRecordStore" e "closeRecordStore" servono rispettivamente ad aprire e chiudere un record store. Con "listRecordStore" si può ottenere un elenco di tutti i record store, mentre "deleteRecordStore" ne cancella uno.

Il numero di record in un archivio di record viene restituito da "getNumRecords". Le operazioni di base sui record sono eseguite da questi metodi: "addRecord", "deleteRecord", "getRecord", "setRecord", "getRecordSize". Tuttavia, l'API RMS dispone di alcune funzioni aggiuntive per la selezione dei record. La prima è l'uso del metodo "RecordEnumeration" per elencare tutti i record presenti nell'archivio dei record. La seconda è la possibilità di definire un filtro utilizzando il metodo "RecordFilter". Infine, è necessario implementare l'interfaccia "RecordComparator" per poter confrontare e ordinare i record.

II.9 Il ciclo di sviluppo MIDP

Il ciclo di sviluppo di un'applicazione MIDP prevede le seguenti fasi:

- Scrivere l'applicazione utilizzando le API MIDP ;
- Compilazione e verifica preliminare dell'applicazione ;
- Test di applicazione ;
- Confezionamento dell'applicazione ;
- Test dell'applicazione confezionata ;

Dato il numero limitato di classi disponibili nelle API MIDP, lo sviluppo di MIDlet è più semplice rispetto allo sviluppo di applicazioni in J2SE. In questo caso ci riferiamo allo sviluppo da riga di comando.

II.9.1 Scrittura dell'applicazione

Come per la progettazione di qualsiasi programma informatico, la prima fase di sviluppo prevede la scrittura del codice sorgente dell'applicazione. Nel nostro caso, tuttavia, devono essere soddisfatti alcuni criteri:

- Ogni MIDlet deve estendere la classe MIDlet, come per le applet, che consente di avviare, sospendere e terminare un MIDlet.

- Una MIDlet non deve avere un metodo public static void main().

È importante notare che quando l'applicazione viene eseguita, il terminale sceglie la posizione di ogni comando, a seconda del tipo di comando e della priorità di eventuali altri comandi [13].

II.10 Conclusione

Java 2 Micro Edition (J2ME) è un'architettura tecnica progettata per fornire una base di sviluppo per applicazioni embedded. L'obiettivo è quello di offrire tutta la potenza di un linguaggio come Java combinata con i servizi offerti da una versione limitata di J2SE.

L'architettura J2ME consiste in una configurazione che contiene la macchina virtuale e le funzionalità minime necessarie per accedere all'hardware e alla rete, un profilo che contiene il resto delle funzionalità utilizzabili su una famiglia di dispositivi con caratteristiche simili e librerie opzionali che i produttori sono liberi di implementare.

Abbiamo scelto la tecnologia J2ME.

Il capitolo successivo è dedicato alla programmazione della tecnologia Java Bluetooth (JABWT).

CAPITOLO III
JAVA2API PER BLUETOOTH WIRELESS
TECNOLOGIA (JABWT)

III.1 Introduzione

Il Bluetooth è una tecnologia di rete personale senza fili che consente di collegare tra loro i dispositivi senza una connessione cablata, sostituendo la porta seriale. Lo standard Bluetooth si basa su una modalità operativa master/slave. La rete formata da un dispositivo e da tutti i dispositivi nel suo raggio d'azione è nota come "piconet". Un dispositivo master può essere collegato contemporaneamente a un massimo di 7 dispositivi slave attivi. I dispositivi slave hanno un indirizzo logico di 3 bit.

Questo capitolo fornisce una descrizione completa di come programmare con JABWT (Java APIs for Bluetooth Wireless Technology) e J2ME. Nel corso del capitolo vengono forniti esempi di codice che mostrano come le API Bluetooth inizializzano un'applicazione Bluetooth, stabiliscono connessioni, installano un servizio, scoprono dispositivi e servizi vicini e si connettono a un servizio (Figura III.1).

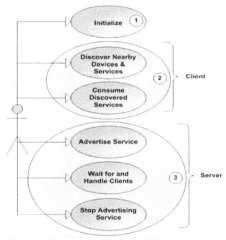

Figura III.1: Utilizzo di un'applicazione Bluetooth **[19]**.

- **Inizializzazione** - È una fase obbligatoria per un'applicazione client o server Bluetooth, in quanto inizializza lo stack di protocollo.

- *Parte* **cliente** - *cliente:* un cliente consuma i servizi che gli sono vicini, se riesce a trovare nelle sue vicinanze i dispositivi che offrono i servizi che cerca.

35

- **Server** _ *Parte server*: un server rende disponibili i servizi ai client, li registra e li ascolta. Una volta che i client li richiedono, il server accetta e soddisfa le loro richieste.

La Figura III.2 mostra le attività svolte dal client e dal server per stabilire una connessione **[19]**.

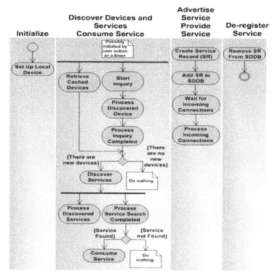

<u>**Figura III.2:**</u> Attività del client e del server **[20]**.

Come mostrato nella Figura III.2, il client e il server inizializzano lo stack di protocollo. L'applicazione server prepara i servizi e attende le connessioni. Il client scopre i dispositivi e servizi, quindi si connette al dispositivo di destinazione per consumare il servizio desiderato.

III.2 Inizializzazione dell'applicazione Bluetooth

L'inizializzazione dell'applicazione Bluetooth è molto semplice (Figura III.3).

Per prima cosa l'applicazione cerca un riferimento al gestore Bluetooth da **LocalDevice. Le** applicazioni client cercano un riferimento al **DiscoveryAgent,**

che fornisce tutte le scoperte relative al servizio server. Le applicazioni server rendono il dispositivo rilevabile.

Figura III.3: Inizializzazione dell'applicazione Bluetooth [20].

Un'applicazione può essere utilizzata come server o come client. I ruoli che svolgono dipendono dalle condizioni dell'applicazione. Le applicazioni server si impostano per essere scopribili, mentre le applicazioni client ottengono un riferimento all'agente di discovery per la scoperta dei servizi. Quando si imposta il dispositivo in modalità discoverable chiamando **LocalDevice.setDiscoverable()**, è necessario specificare *il codice di accesso all'indagine (IAC)*.

Le 2 modalità di accesso JABWT:

➢ **DiscoveryAgent.LIAC** indica il codice di accesso alla ricerca limitata. Il dispositivo sarà rilevabile solo per un periodo limitato, precisamente un minuto. Al termine del periodo limitato, il dispositivo torna automaticamente in modalità non rilevabile.

➢ **DiscoveryAgent.GIAC** indica il codice di accesso generale richiesto. Non c'è limite alla durata della permanenza del dispositivo in modalità di scoperta.

Per riportare un dispositivo in modalità non scopribile, è sufficiente richiamare **LocalDevice.setDiscoverable()** con **DiscoveryAgent.NOT_DISCOVERABLE** come argomento.

III.3 Elaborazione delle connessioni

Come per tutti i tipi di connessione GCF (Generic Connection Framework), una connessione Bluetooth viene creata utilizzando **javax.microedition.io.Connector** dalla connessione GCF. La connessione URL determina il tipo di connessione da creare:

- Il formato URL per la connessione L2CAP:

  btl2cap ://hostname : [PSM | UUID]; *parametri*

- Il formato URL per la connessione Stream RFCOMM:

  btspp : //hostname : [CN | UUID]; parametri

Dove:

- btl2cap è la disposizione degli URL per la connessione L2CAP.
- btspp è la disposizione dell'URL per la RFCOMM StreamConnection.
- il nome dell'host o localhost per impostare una connessione al server, oppure l'indirizzo Bluetooth per creare una connessione al client
- PSM *è il* valore Protocol/Service Multiplexer, utilizzato da un client che si connette a un server. Il concetto è simile a quello di una porta TCP/IP.
- CN è il valore del numero di canale, utilizzato da un client per connettersi a un server, simile nel concetto a una porta TCP/IP.
- UUID *è* l'identificatore univoco universale utilizzato quando si installa un servizio su un server. Ogni UUID è garantito come unico in ogni momento e intervallo.
- i parametri includono il nome per descrivere il nome del servizio e i parametri di sicurezza authenticate, authorise e encrypt.

Ad esempio:

- Un URL per il server RFCOMM:

  btspp://localhost:2D26618601FB47C28D9F10B8EC891363;authenticate=false;encrypt=false;

- URL di un client RFCOMM:

  btspp://0123456789AF:1;master=false;encrypt=false;authenticate=false

L'uso di **localhost** come hostname indica che si desidera una connessione al server. Per creare una connessione client a un dispositivo e a un servizio noto, utilizzare l'URL del servizio nella sua **ServiceRecord.**

III.4 Installazione di un server Bluetooth (Figura III.4)

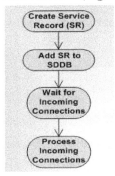

Figura III.4: Installazione del server Bluetooth **[20]**.

Abbiamo installato un server Bluetooth per rendere disponibile un servizio. Le fasi principali sono quattro:

➤ Creando un servizio di registrazione per il servizio che si vuole rendere disponibile.

➤ Aggiungere il nuovo servizio di registrazione al database di Service Discovery.

➤ Registrazione del servizio.

➤ In attesa della connessione del client.

Due operazioni correlate sono significative:

➤ Modificare il servizio di registrazione, se gli attributi del servizio visibili ai clienti devono essere modificati.

➤ A questo punto, rimuovere il servizio di registrazione dall'SDDB.

Diamo un'occhiata più da vicino a ciascuna di queste operazioni.

III.4.1 Creazione di un servizio di registrazione

L'esecuzione di Bluetooth crea automaticamente un servizio di registrazione quando la nostra applicazione crea una connessione di notifica, un **StreamConnectionNotifier** o un **L2CAPConnectionNotifier.**

Ogni attributo del servizio Bluetooth ha un proprio identificatore universale unico (UUID). È difficile creare un servizio senza prima assegnarlo all'UUID.

III.4.2 Registrazione del servizio e attesa delle connessioni in entrata

Una volta creata la connessione notificata e il servizio di registrazione dei record **del servizio**, il server è pronto a registrare il servizio e ad attendere i client. La chiamata del metodo di notifica **acceptAndOpen()** attiva l'esecuzione di Bluetooth per inserire il servizio di registrazione per avere una connessione associata all'**SDDB**, rendendo così il servizio visibile ai client. Il metodo **acceptAndOpen()** può bloccarsi e attendere le connessioni in arrivo.

Quando un client si connette, **acceptAndOpen ()** restituisce la connessione, nel nostro esempio un **ConnectionStream**, che rappresenta il vero obiettivo del client e consente al server di leggere i dati. La parte successiva del codice attende e accetta la connessione in arrivo dal client, quindi legge il contenuto **[20]**.

Questa parte legge una singola **stringa** dalla connessione. Applicazioni diverse **hanno** requisiti di codifica diversi. Se la **stringa** può fornire un dialogo (applicazione di chat), l'applicazione multimediale può utilizzare una combinazione di caratteri e dati binari.

Si noti che questo codice si blocca quando attende le connessioni in arrivo dal client e deve essere distribuito su un proprio thread di esecuzione.

III.4.3 Aggiornamento del servizio di registrazione

In alcuni casi è necessario modificare gli attributi di un servizio di registrazione. Possiamo aggiornare i record nell'**SDDB** utilizzando la direzione di un Bluetooth locale. Come mostrato nella prossima sezione (frammento), possiamo recuperare il record dall'**SDDB** chiamando **LocalDevice.get Record ( )**; aggiungiamo o modifichiamo gli attributi di nostra scelta chiamando **ServiceRecord**; **setAttributeValue ( )** e trasferiamo il record del servizio all'**SDDB** chiamando LocalDevice .**updateRecord ( )**:

Al centro del Service Discovery c'è il Service Discovery Database **(SDDB)**. L'SDDB (Figura III.5) è un database gestito dal runtime Bluetooth che contiene i record dei servizi, che rappresentano i servizi disponibili per i client **[21]**.

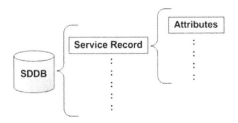

Figura III.5: L'SDDB **[20]**.

Ogni record di servizio è rappresentato da un ServiceRecord campione. Questo record contiene gli attributi che descrivono il servizio in dettaglio. La classe fornisce diversi metodi utili:

- ➢ **getAttributeIDs()** e **getAttributeValue()** cercano gli attributi del disco di servizio.
- ➢ **getConnectionURL()** ottiene l'URL di connessione del server che ospita il disco di servizio.
- ➢ **getHostDevice()** ottiene **RemoteDevice()** e servizi
- ➢ **populateRecord()** e **setAttributeValue()** impostano gli attributi del disco di servizio.
- ➢ **setDeviceServiceClasses() imposta** le classi di servizio **[20]**.

III.4.4 Chiusura della connessione e rimozione del servizio di registrazione

Quando il servizio non è più utilizzabile, può essere rimosso dall'**SDDB** chiudendo la connessione notificata.

streamConnectionNotifier.close();

III.5 Informarsi su schemi e servizi vicini

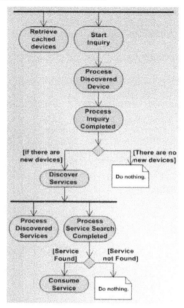

Figura III.6: Scoprire dispositivi e servizi **[16]**.

I clienti possono utilizzare i servizi solo quando li trovano. La ricerca consiste nell'individuare i dispositivi vicini e nel cercare i servizi desiderati per ogni dispositivo individuato. In realtà, la scoperta dei dispositivi è costosa e richiede molto tempo.

Il rilevamento è responsabilità del **DiscoveryAgent**. Questa classe viene utilizzata per inizializzare il client e annullare il servizio di rilevamento dei dispositivi. Il **DiscoveryAgent** notifica all'applicazione client qualsiasi dispositivo e servizio scoperto attraverso l'interfaccia DiscoveryListener. La Figura III.6 mostra la relazione tra il client Bluetooth, il DiscoveryAgent e il DiscoveryListener.

III.5.1 API per la scoperta dei dispositivi

42

Il metodo **DiscoveryAgent** viene utilizzato per inizializzare e annullare il rilevamento del dispositivo.

- **retrieveDevices()** cerca i dispositivi vicini già scoperti o conosciuti.
- **startInquiry()** avvia la scoperta dei dispositivi vicini, nota anche come ricerca.
- **cancelInquiry()** annulla qualsiasi ricerca in corso.

L'agente di scoperta Bluetooth chiama il dispositivo **DiscoveryListener**

- **deviceDiscovered()** indica se un dispositivo è stato scoperto.
- **inquiryCompleted()** indica che la ricerca è andata a buon fine

La Figura III.7 mostra gli stati di scoperta dei dispositivi

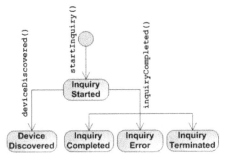

Figura III.7: Diagramma di stato della scoperta del dispositivo **[16]**.

La ricerca del dispositivo inizia con una chiamata a **startInquiry()**. Man mano che la ricerca procede, l'agente di ricerca bluetooth chiama **deviceDiscovered()** e **inquiryCompleted()**.

III.5.2 API per la scoperta dei servizi

Per avviare e annullare la scoperta dei servizi, si utilizzano i metodi di scoperta dei servizi di DiscoveryAgent:

- **selectService()** avvia la scoperta del servizio.
- **searchServices()** cerca i servizi.
- **cancelServiceSearch()** annulla qualsiasi operazione di ricerca di servizi in corso.

43

L'agente di scoperta Bluetooth chiama i metodi di callback del servizio DiscoveryListener in diversi momenti della fase di scoperta del servizio:

- **servicesDiscovered()** indica se sono stati scoperti dei servizi.
- **serviceSearchCompleted()** indica che la ricerca del servizio è stata completata.

La Figura III.8 illustra gli stati di scoperta del servizio raggiunti come risultato delle chiamate di servizio DiscoveryListener:

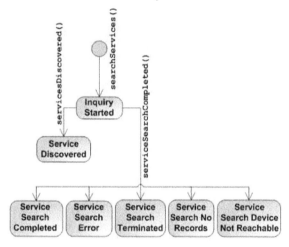

Figura III.8: Diagramma di stato della scoperta del servizio **[16]**.

La scoperta dei servizi inizia con una chiamata a **searchServices()**, che darà luogo a **servicesDiscovered()** e **serviceSearchCompleted()**.

Oltre a DiscoveryAgent e DiscoveryListener, per la scoperta dei servizi si utilizzano anche le classi UUID, **ServiceRecord** e **DataElement.**

III.6 Midlet
In questa sezione mostriamo la struttura di un Midlet

```
import javax.microedition.lcdui.Command;
import javax.microedition.lcdui.CommandListener;
import javax.microedition.lcdui.Displayable;
```

```
import javax.microedition.midlet.MIDlet;
public class MyMidlet extends MIDlet implements CommandListener {
public void startApp() {
}
public void pauseApp() {
}
public void destroyApp(boolean unconditional) {
}
public void commandAction(Command c, Displayable d) {
}
}
```

Questa classe **Midlet "MyMidlet"** fornisce tre metodi astratti che il gestore di applicazioni del dispositivo utilizza per comunicare con le applicazioni che esegue. Il metodo **startApp()** viene chiamato subito dopo il costruttore e ogni volta che un'applicazione viene attivata (e non solo quando viene lanciata per la prima volta). Un'applicazione può passare dallo stato attivo a quello inattivo più volte durante la stessa esecuzione; non è quindi saggio inserire in essa istruzioni di inizializzazione (che dovrebbero essere eseguite una sola volta). Questo tipo di istruzioni deve essere ovviamente inserito nel costruttore.

Il metodo **destroyApp()** viene chiamato dal gestore per indicare che un'applicazione sta per essere chiusa. A differenza di **startApp()**, questo metodo sarà chiamato una sola volta durante l'esecuzione di un'applicazione; è quindi possibile includere del codice di pulizia.

Tuttavia, un dispositivo mobile è generalmente meno stabile di una piattaforma standard e sarà quindi regolarmente spento o resettato dall'utente. Di conseguenza, non si può fare affidamento sull'esecuzione del metodo **destroyApp()**.

Il terzo e ultimo metodo astratto, **pauseApp()**, viene utilizzato per segnalare che l'applicazione sta per essere messa in pausa. Questo evento si verifica quando l'utente passa a un'altra applicazione o utilizza una funzione del dispositivo che impedisce all'applicazione di continuare l'esecuzione. Poiché la maggior parte dei dispositivi non dispone della potenza necessaria per essere realmente multitasking, è necessario prestare attenzione a liberare il maggior numero possibile di risorse con questo metodo. Quando l'applicazione riprende, il gestore richiama il metodo **startApp() [16].**

I primi tre metodi, **startApp(), pauseApp()** e **destroyApp(),** sono necessari per ogni **MIDlet**.

Durante la scoperta dei dispositivi e dei servizi, gli eventi saranno forniti a. **CommandAction ()**, abilitato dall'interfaccia **CommandListener**, è utilizzato per i comandi degli eventi **[21]**.

```
import javax.bluetooth.DiscoveryListener;
import javax.bluetooth.DeviceClass;
import javax.bluetooth.ServiceRecord;
import javax.bluetooth.RemoteDevice;
import javax.microedition.lcdui.Command;
import javax.microedition.lcdui.CommandListener;
import javax.microedition.lcdui.Displayable;
import javax.microedition.midlet.MIDlet;
public class YourMidlet extends MIDlet implements CommandListener,
DiscoveryListener {
public void startApp() {
}
public void pauseApp() {
}
public void destroyApp(boolean unconditional) {
}
public void commandAction(Command c, Displayable d) {
}
public void deviceDiscovered(RemoteDevice remoteDevice,
DeviceClass deviceClass) {
}
public void inquiryCompleted(int param) {
}
public void serviceSearchCompleted(int transID, int respCode) {
}
public void servicesDiscovered(int transID, ServiceRecord[] serviceRecord) {
```

III.7 Conclusione

In questo capitolo abbiamo presentato la programmazione della tecnologia java bluetooth JABWT, che consente il collegamento automatico di dispositivi, la condivisione di dati e la fornitura di servizi tra di essi. Sono stati presentati programmi di esempio per spiegare come utilizzare le API nello sviluppo di applicazioni client-server per le operazioni di base, come l'inizializzazione di client e server, la scoperta di dispositivi e servizi.

Questo tipo di programmazione è stato utilizzato per creare la nostra applicazione associata allo schermo del portatile per visualizzare il segnale ECG, che descriveremo nel prossimo capitolo.

CAPITOLO IV
ATTUAZIONE PRATICA

OBIETTIVO

Lo scopo del progetto è trasmettere un ECG (elettrocardiogramma a curve) a un telefono cellulare a poche decine di metri di distanza tramite Bluetooth. L'obiettivo minimo è quello di ottenere la trasmissione simultanea di almeno tre derivazioni, intendendo per derivazioni un segnale

analogo che rappresenta una visione dell'attività del muscolo cardiaco.

Le tecniche utilizzate saranno le seguenti:

- acquisizione di tensione in millivolt (3 o più canali)

- filtraggio a condensatori commutati

- programmazione su PIC16F877

- trasmissione dati wireless tramite Bluetooth.

IV.1 Principio della trasmissione ECG tramite telefono cellulare

Un importante sviluppo è la trasmissione a distanza dell'ECG del paziente al medico. Il medico si trova nel suo ambulatorio e può diagnosticare il paziente a casa. La trasmissione avviene tramite Bluetooth e poi tramite GPRS (Generate packet radio service). Un telefono cellulare viene utilizzato come gateway [22].

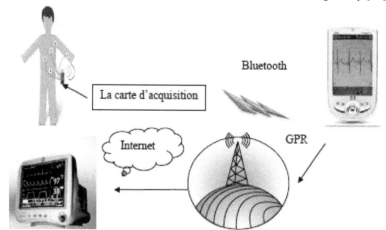

Figura IV.1: Principio della trasmissione ECG tramite telefono cellulare

IV.2 Schema a blocchi

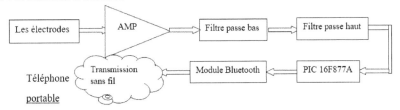

IV.3 Schema elettronico

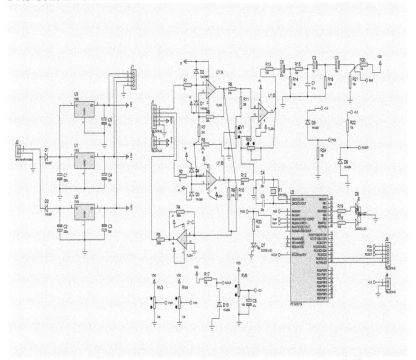

Questa scheda ha tre fasi principali: l'alimentazione, la scheda di rilevamento ECG e la fase di programmazione per la conversione del segnale analogico-digitale e la trasmissione via Bluetooth.

IV.3.1 Elettrodi

L'elettrodo è il primo elemento della catena di misurazione elettrofisiologica, direttamente a contatto con l'ambiente biologico. Questo dispositivo viene utilizzato per rilevare l'attività elettrica del cuore - l'ECG.

L'idea è quella di catturare esternamente le onde elettriche emesse dal cuore. L'elemento sensibile sarà quindi una piastra di materiale conduttivo posta a contatto con la pelle.

È importante che questi elettrodi siano relativamente inalterabili e impolarizzabili. La lastra d'argento, rivestita con uno strato di cloruro d'argento, è un buon elettrodo di superficie ed è il più utilizzato [23].

IV.3.2 alimentazione

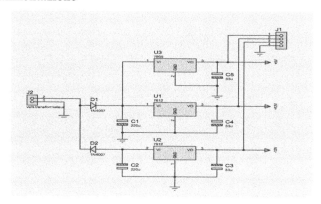

Questo circuito di alimentazione stabile contiene un trasformatore da 12 V, due diodi raddrizzatori D1 e D2, condensatori C1, C2, C3, C4 e C5, tre regolatori di tensione per impostare 9 V, -9 V e 5V.

IV.3.3 Scheda di acquisizione del segnale ECG

I segnali biologici vengono registrati come potenziali, tensioni e intensità di campo elettrico prodotti da nervi e muscoli. Le misurazioni comportano tensioni a livelli molto bassi, tipicamente compresi tra $1\mu V$ e pochi mV, alte impedenze di sorgente e segnali di interferenza e rumore sovrapposti ad alto livello. È quindi necessario amplificare queste tensioni per renderle compatibili con dispositivi quali display, registratori o convertitori analogico-digitali per apparecchiature automatizzate [24].

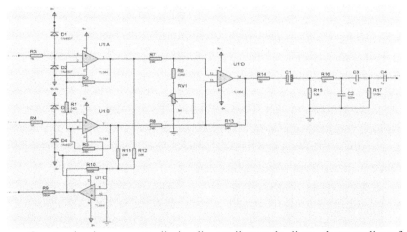

Questo circuito consente di visualizzare il segnale di un elettrocardiografo sullo schermo di un oscilloscopio (Figura IV.1). Gli amplificatori operazionaliU1: A, B e D formano un amplificatore per strumentazione il cui guadagno è 201 secondo la seguente relazione: Avd1= (2R2+R1)/R1. U1 : C amplifica il segnale di modo comune di 31x e lo invia alla gamba destra. Assicura che il corpo del paziente sia portato a un livello di modo comune ben definito, in modo che il segnale non possa uscire dall'intervallo consentito per l'amplificatore della strumentazione. Come seconda funzione, esercita un effetto di retroazione sul segnale di modo comune, in modo da ridurre ulteriormente questo segnale indesiderato. Gli ingressi devono anche essere protetti da cariche elettrostatiche elevate, per cui sono stati utilizzati i diodi da D1 a D4 e le resistenze R1 e R3.

La reiezione di modo comune (CMRR) dell'amplificatore per strumentazione può essere regolata mediante P1. A tal fine, è necessario collegare tra loro i due ingressi dello stesso amplificatore. È essenziale che gli elettrodi e la pelle siano a stretto contatto. Per testare il nostro prototipo, abbiamo utilizzato tre fili di rame nudi, avvolti intorno agli indici (e alla gamba destra), che sembravano sufficienti a fornire un buon segnale. Durante i test, l'ampiezza del segnale ECG era di 200mV.

Filtraggio

Il segnale ECG, amplificato in questo modo, può essere incorporato in varie fonti di rumore, come mostrato nella Figura 1(a), quindi è necessario un filtro per ottenere un aspetto ben visibile dei picchi del segnale ECG Figura 1(b).

Nel nostro esempio, utilizziamo un filtro passa-basso e un filtro passa-alto.

Il filtro passa-basso è costituito dalla resistenza P=10κΩ e dal condensatore C=0,1μF □□sa   frequenza   di   taglio   è   pari   a   :   □□□□□□□□□□□□F=1/2□RC=159Hz

Il filtro passa-alto è costituito dal condensatore C=1μF e dalla resistenza R=3,9M □, la sua frequenza di taglio è pari a :   Φ=1/2πPX=0,04Hz

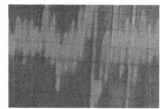 

(a) Segnale ECG prima del filtraggio (b) Segnale ECG dopo il filtraggio
Figura IV.2: Visualizzazione pratica di un segnale ECG.

IV.3.4 Scheda CAN e trasmissione via Bluetooth

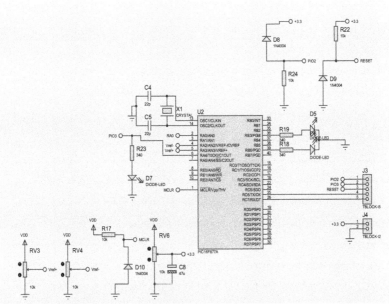

Questo circuito comprende un quarzo da 8Mhz e i condensatori C4 e C5 per generare la frequenza del PIC, due potenziometri, uno per impostare la Vref del PIC (RV3) e l'altro per dare la tensione di alimentazione del modulo Bluetooth V=3v.3v(RV6), due LED verdi e rossi per testare la tensione di alimentazione, un altro LED giallo per indicare la presenza di una connessione Bluetooth, un partitore di tensione per eliminare i valori negativi (R20,R21), tre pulsanti, due per resettare il PIC e il modulo Bluetooth e il terzo per disabilitare il modulo Bluetooth.

a) Programmazione su PIC16F877A
Descrizione

- Consumo di energia: meno di 2 mA a 5 V a 4 MHz.

- Architettura RISC: 35 istruzioni della durata di 1 o 2 cicli.

- Tempo di ciclo: periodo dell'oscillatore al quarzo diviso per 4, cioè 500 ns per un quarzo da 8 MHz.

- Due bus separati per il codice programma e i dati.

- Codice istruzione: parola a 14 bit e contatore di programma (PC) a 13 bit, che consente di indirizzare 8 K parole (da h'0000' a h'1FFF')

- Bus dati a 8 bit.

- 33 porte di ingresso/uscita bidirezionali in grado di produrre 25 mA per uscita.

PORTA = 6 bit e PORTB PORTC e PORTD = 8 bit PORTE = 3 bit per l'interfaccia 16F877.

- 4 fonti di interruzione :

- Esterno tramite il pin condiviso con la porta B: PB0

- Modificando lo stato dei bit della porta B: PB4 PB5 PB6 o PB7

- Da una periferica integrata nel chip: scrittura dei dati su EEPROM completata, conversione analogica completata, ricezione di USART o I2C.

- Overflow del timer.

- 2 contatori a 8 bit e 1 contatore a 16 bit con predivisore programmabile.

- Convertitore analogico a 8 ingressi e 10 bit per il 16F877.

- UART per la trasmissione seriale sincrona o asincrona.

- Interfaccia I2C.

- 2 moduli per PWM con risoluzione a 10 bit.

- Interfaccia con un altro microfono: 8 bit + 3 bit di controllo per R/W e CS.

- 368 byte di RAM.

- 256 byte di dati EEPROM.

- 8K parole a 14 bit nella Flash EEPROM per il programma (da h'000' a h'1FFF').

- 1 registro di lavoro: W e un registro di file: F per l'accesso al RAM o ai registri interni del PIC. Entrambi sono registri a 8 bit.

PORTA: 6 ingressi/uscite. 5 ingressi CAN. Ingresso CLK del timer 0.

PORTB: 8 ingressi/uscite. 1 ingresso di interrupt esterno Clk e Dati per il programma.

PORTC: 8 ingressi/uscite. Clk Timer1 e PWM1. USART, I2C.

PORTD: 8 ingressi/uscite. Porta di interfaccia del microprocessore (dati a 8 bit).

GATE: 3 ingressi/uscite. 3 bit di controllo della microinterfaccia. 3 ingressi CAN (vedi appendice).

Questo microcontrollore viene utilizzato per tre motivi:

-La prima consiste nel testare la tensione di alimentazione della batteria o di una batteria ricaricabile inserendo la tensione in un ingresso analogico.

Il secondo motivo è la conversione analogico-digitale del segnale ECG per la trasmissione via Bluetooth, che è codificato su 10 bit. Si tratta di un valore compreso tra h'000' e h'3FF'.

Le tensioni di riferimento alta e bassa possono essere selezionate tramite programmazione da: VDD o il pin PA3 per VREF+ e VSS o il pin PA2 per VREF-.

I 4 registri utilizzati dal modulo del convertitore A/D sono :
- ADRESH in h'1E' pagina 0: MSB dei 10 bit del risultato.
- ADRESL in h'9E' pagina 1: LSB dei 10 bit del risultato.
- ADCON0 in h'1F' pagina 0: registro di controllo n°0 del convertitore.
- ADCON1 a h'9F' pagina 1: registro di controllo n. 1 del convertitore (vedi appendice).

-Il terzo motivo è la comunicazione seriale con il modulo Bluetooth M2F03GX/GXA tramite i pin Tx e Rx per la trasmissione.

La trasmissione viene autorizzata impostando il bit 5 di TXSTA a "1": TXEN = 1.

I DATI da trasmettere sono impostati nel registro TXREG a h'19' pagina 0. Questo registro segnala che è vuoto impostando il flag TXIF a "1" (bit 4 di PIR1). Questo flag passa a "0" non appena viene caricato un byte nel registro TXREG. Viene riportato a "1" da Hard quando il registro viene cancellato tramite trasferimento al registro di serializzazione: TSR. Questo registro non è accessibile all'utente, non ha indirizzo. Se un secondo byte viene caricato nel registro TXREG, il flag TXIF passa a "0" e vi rimane finché il registro TSR non ha serializzato completamente il byte precedente da trasmettere. Non appena lo STOP del byte precedente è stato trasmesso, il registro TXREG viene trasferito a TSR e il flag TXIF passa a "1", indicando che il registro di trasmissione TXREG è vuoto e può quindi ricevere un nuovo byte da trasmettere. Il bit TRMT (bit 1 di TXSTA) fornisce informazioni sullo stato del registro TSR. Se il registro TSR non ha terminato la serializzazione, TRMT=0. Questo flag torna a "1" quando il registro è vuoto, cioè quando è stato emesso lo stop. Il flag TXIF può anche essere utilizzato per generare un'interruzione, a condizione che sia autorizzata impostando il bit 4 di PIE1 su "1": TXIE = 1. In questo caso, gli interrupt periferici devono essere autorizzati impostando il bit 6 di INTCON su "1": PEIE = 1, e impostando il bit 7 su "1": GIE = 1 (vedere appendice).

Programmazione

Le specifiche devono essere tradotte in una sequenza ordinata di azioni che il processo di controllo deve eseguire. Questa sequenza di operazioni sarà scomposta in azioni o istruzioni elementari: questo è l'algoritmo.

Nel nostro progetto eravamo interessati al linguaggio PASCAL e in particolare al compilatore MikroPascal di Mikroélektronika (versione 8.0.01). Abbiamo scelto il compilatore MikroPascal perché è facile da usare. Inoltre, genera un file esadecimale. Ad esempio, in linguaggio avanzato abbiamo ottenuto 2 pagine, mentre in assemblatore abbiamo avuto bisogno di 50 pagine.

Il compilatore MikroPascal dispone di un'ampia libreria di procedure e funzioni adattate alla famiglia di microcontrollori Pic di MICRCHIP. Il loro utilizzo è facilmente accessibile dalla guida del software.

Organigramma del programma

Prima di scrivere il programma, abbiamo preso le specifiche del nostro sistema, abbiamo effettuato un'analisi funzionale come descritto in precedenza e poi abbiamo elaborato il diagramma di flusso mostrato in figura, che abbiamo tradotto in linguaggio MikroPascal.

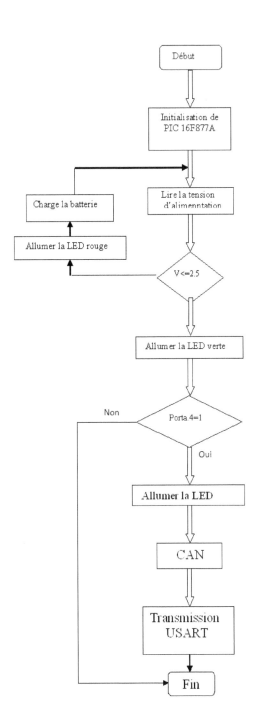

b) Trasmissione senza fili tramite Bluetooth
Modulo F2M03GX/GXA

Modulo Bluetooth F2M03GX/GXA

Questo **modulo** può sostituire un cavo di comunicazione seriale con una comunicazione wireless Bluetooth. Il modulo è bidirezionale, riceve tramite i pin RX/TX e trasmette tramite i pin di trasmissione, quindi qualsiasi comunicazione seriale da 9600 a 115200bps può essere trasmessa senza problemi da un dispositivo a un obiettivo distante fino a 100 m all'aperto!   Questo modulo può essere alimentato da 3,1 V a 3,6 V per un semplice collegamento a batteria.

Questo modulo deve essere configurato utilizzando il software di configurazione F2M_BlueGFG_3_03 (vedere l'appendice), seguendo le istruzioni fornite nella documentazione di wirelessUART.   **Specifiche:**
- Collegamento di comunicazione molto robusto (100m) - niente più buffer overrun!
- Robusto metodo di salto di frequenza
- Frequenza: 2,4~2,524 GHz
- Tensione di funzionamento: 3,1V-3,6V
- Temperatura di funzionamento: da -40 a +80°C
- Connessione criptata **[25]**.

Affinché il telefono cellulare riceva la trasmissione del modulo Bluetooth e visualizzi il segnale ECG sullo schermo, eseguiamo un programma in J2ME per ricevere i dati. Questo programma utilizza le istruzioni Java descritte nel Capitolo II e nel Capitolo III.

Conclusione

In questo progetto siamo riusciti a progettare e costruire un sistema innovativo per la trasmissione di elettrocardiogrammi (ECG) via Bluetooth a un telefono cellulare remoto. L'obiettivo principale era quello di inviare almeno tre derivazioni ECG contemporaneamente, utilizzando sofisticate tecniche di acquisizione, filtraggio e trasmissione wireless.

In conclusione, questo progetto rappresenta un progresso significativo nel campo della telemedicina, offrendo una soluzione pratica ed economica per il monitoraggio remoto dei pazienti. Con futuri miglioramenti e una potenziale scalabilità, il nostro sistema potrebbe avere un impatto positivo sulla qualità dell'assistenza sanitaria e sulla gestione delle malattie cardiovascolari.

CONCLUSIONE GENERALE

In questo modesto lavoro, l'attenzione teorica e pratica si è concentrata sulla diagnostica in campo medico. Sono state trattate anche altre aree, come la trasmissione wireless ai telefoni cellulari tramite Bluetooth. Questa recente tecnologia sta diventando sempre più sfruttabile in tutti i campi, in particolare nel settore medico. I pazienti possono ora essere monitorati a distanza dai loro medici.

Il nostro circuito è stato creato utilizzando il software Proteus (ISIS e ARES) di LABCENTER. ISIS ci ha permesso di redigere lo schema elettrico e di simularlo. ARES ci ha permesso di progettare il circuito stampato.

La parte digitale è stata ottenuta utilizzando il compilatore MikroPascal di Mikroelectronika, dedicato ai microcontrollori PIC di microchip. MikroPascal è stato scelto per la sua facilità d'uso. È stata realizzata la conversione analogico-digitale.

Per simulare l'uso del cellulare è stato utilizzato anche il software Wireless Toolkit. Wirelss Toolkit utilizza il linguaggio Java (J2ME). Questa parte è stata convalidata inviando un segnale dal server al client.

Questo progetto sperimentale e numerico ci ha permesso innanzitutto di acquisire conoscenze sulla programmazione di punta e su Java. Abbiamo inoltre acquisito notevoli informazioni sull'attività cardiaca.

Va notato che, come in ogni progetto, ci siamo trovati di fronte a problemi pratici. Ad esempio, la mancanza di amplificatori per strumentazione ci ha costretti a utilizzare altri metodi più complicati. Queste carenze sono servite solo ad arricchire la nostra formazione e a prepararci alla professione di ingegnere.

Infine, vorremmo che i nostri successori esaminassero i segnali aritmici, cercando di attivare allarmi, preferibilmente acustici, in caso di anomalie cardiache (taquicardiache e bradicardiache). Potranno anche vedere le informazioni inviate dal computer mobile GPRS per il trattamento.

Bibliografie e riferimenti

[1] Raccomandazioni relative alle modalità di gestione medicalizzata della malattia. pazienti in gravi condizioni. SAMU de France, Société française d'anesthésie réanimation,
Luglio 2002.
[2] Garrigue B. Gestione e vigilanza dei dispositivi medici in SAMU/SMUR. *In* 11° incontro di formazione avanzata IADE. Parigi, Elsevier 2000.
[3] Isaac NEWTON "modellare i segnali ECG con polinomi ortogonali"
http://www.ECG,compréssion,polynome.pdf .
[4] http://www.iav.ac.ma/veto/filveto/guides/phys/physiopharmazine/physiologie cardiac.htm#HISTOLOGY.
[5] http://www.chapitre1 il cuore e l'elettrocardiografia.
[6] http://membres.lycos.fr/tpecardio/ecg.htm.
[7]
[8] http://www.introduction-sommaire.pdf.

[10] J. Le Roux, *"Notion de communication numérique"*, 20 marzo 2001.
http://www.essi.fr/~leroux/courstransmission.pdf.
[11] http://www.dotnetguru.org/articles/J2MEvsSDE/J2MEvsSDE.htm .
[12] Bruno Delb, Applicazioni Java J2ME per terminali mobili, Edizioni Eyrolles, 2003.
[13] Martin de Jode, "Programming Java 2 Micro Edition on Symbian OS A developer's guide to MIDP 2.0". John Wiley & Sons, ITD, 2004.
[14] Ian Utting, "Problemi nell'insegnamento iniziale della programmazione con Java: il caso di sostituire J2SE con J2ME", ITiCSE'06, Bologna, Italia.Ian Utting, ACM, 26-28 giugno 2006
[15] Damien Zéni, "Presentazione personale Java 2 Micro Edition", EIVD - EI5b, *febbraio 2003.*
[16] André N. Klingsheim, J2ME Bluetooth Programming Master's Thesis, Department of Informatics University of Bergen, 30 giugno 2004.
[17] Jean Michel DOUDOUX, "Développons en Java", Libro elettronico,
http://jmdoudoux.developpez.com/java/.

[19] C. Enrique Ortiz, "Utilizzo delle API Java per il Bluetooth, Parte 2 - Mettere al lavoro le   API   principali",
http://developers.sun.com/techtopics/mobility/apis/articles/bluetoothcore/index.html
[20] Kumar, "Bluetooth Application Programming with the Java APIs", prima edizione, Morgan Kaufmann, 2004.
[21] C. Enrique Ortiz, "Utilizzo delle API Java per Bluetooth", Parte 1 Panoramica delle API,
http://developers.sun.com/techtopics/mobility/apis/articles/bluetoothintro/index.html

[22] http://www.rds_2004.pdf.
[23] elettrodi di Colince donfack; *"caratterizzazione dei contatti elettrodo-tessuto per gli stimolatori neuromuscolari impiantabili".*
[24] Memoire présente en vue de l'obtention du diplôme de maitrise des sciences appliqués en genie électrique Ecole polytechnique de montréal. Gennaio 2000.
[25] http://www.datasheet F2M03GX/GXA.pdf.

Milton Keynes UK
Ingram Content Group UK Ltd.
UKHW020846290324
440175UK00001B/247